LA NECESIDAD DE UN INSTANTE

Ramón De la Vega

La necesidad de un instante

Segunda edición: 2024

ISBN: 9788410089334
ISBN eBook: 9788410089754

© del texto:
Ramón De la Vega

© del diseño de esta edición:
Caligrama, 2024
www.caligramaeditorial.com
info@caligramaeditorial.com

Impreso en España – Printed in Spain

Para Margarita

Visita de un desconocido

Tumbado en la cama mientras merodeo por ese estado fronterizo entre el sueño y la vigilia, se produce de pronto un singular fenómeno de superposición de luces y sombras que dura apenas unos segundos, tras el cual se presenta ante mí una figura enjuta y alta de fascinante aspecto cuya presencia posee tal fuerza que me hace pensar de inmediato en el Dios de nuestros mayores.

Permanezco expectante mientras me observa con una mirada insondable y, ante su silencio, tomo la palabra y le digo, con una tensa emoción, que nunca imaginé que se dignaría a presentarse ante mí y que estaba seguro de que su aparición permanecería para siempre grabada en mi memoria. Al comprobar que no reacciona, tomo de nuevo la palabra y decido pedirle un deseo en el que ya he pensado muchas veces antes: que cambie mi destino por otro y me permita salir del camino ya trazado que he seguido hasta entonces, un camino que yo nunca elegí.

Con aire abstraído, tarda en contestar y, cuando finalmente lo hace, resuena su voz grave y poderosa con todas las tonalidades que cabe imaginar en quien ha sido concebido desde la Antigüedad como el gran Hacedor capaz de hacer surgir un universo que se enfrentara a la mísera nada.

—Estimado miembro de la especie humana –me dice, mientras yo me siento más y más empequeñecido–, conozco bien la simplicidad y bajeza con la que acostumbráis a actuar los seres humanos, así que no puedo decir que me asombre que, antes incluso de intentar averiguar el motivo de mi presencia aquí, te hayas apresurado a pedirme un deseo sin plantearte siquiera cuál sería mi reacción, pero es bueno que sepas que yo nunca me ocupo de cosas tan irrelevantes y nunca he querido prestar atención a los deseos y caprichos de los hombres.

»Llama la atención, de todos modos, la facilidad con la que te has olvidado de tu viejo ateísmo y tu buena disposición a asumir mi existencia y el poder que ya me concedieron, hace tantos siglos, los heroicos pobladores de los desiertos de Oriente Medio. No esperaba que cedieras tanto en tan poco tiempo y te mostrases tan respetuoso hacia mí solo porque crees que, de este modo, podrás ver cumplido tu deseo de cambiar de vida, pero pasas por alto que tu torpe maniobra no te servirá de nada salvo que quieras utilizar tu frustración para entregarte a un sufrimiento de gran estilo y decidas convertirlo en un agravio que justifique un nuevo ataque contra mí.

»Yo te recomendaría que hicieras un esfuerzo, que fueras más honesto y no juegues a creer o a hacerme creer que estás atrapado en tu existencia contra tu voluntad cuando sabes bien que cualquier malestar, por el motivo que sea, es solo culpa tuya y no de quienes te rodean y menos aún del Dios al que ahora apelas. Es demasiado evidente que, si obtuvieras lo que pides y dispusieras de otro destino, te seguirías quejando, ya que esa otra vida tampoco cumpliría con tu fantasía de serlo todo al mismo tiempo: posibilidad, deseo, presente y pasado, reversibilidad y pura obediencia a tu voluntad cambiante que tiende a contradecirse y lamentarse de sí misma.

»Si tu sueño es superar la frustración con la que vives convirtiéndote en otro, lo único que estás haciendo es alimentar tu insensatez, ya que un destino es mucho más que una decisión y menos tuyo que del tiempo y del espíritu del mundo en el que se formó; y cambiarlo exigiría prácticamente alterar la historia tal como ha transcurrido, y eso es imposible, como lo es que quien ha nacido bondadoso pulidor de lentes en la Europa protestante del siglo xvii, y estoy pensando ahora en el sabio y piadoso Spinoza, se convierta de la noche a la mañana en águila de grandes espacios abiertos o que la mariposa sea huracán o el viejo Goethe hubiese devenido, por el mero capricho de su imaginación, en un ser sádico y de instintos brutales.

»Sé que la decepción que te suponen mis palabras te servirá para negar mi existencia retomando tu ateísmo, pero qué importa. Recuerda que, por más que tú y el resto de los humanos hayáis dedicado tantos esfuerzos a negarme, no por ello dejáis de ser el resultado de mi creación y, aunque me consideréis una farsa de los poderosos o una fantasía de las primeras civilizaciones en su esfuerzo por comprender lo desconocido, seguís siendo el producto de un mundo inconcebible sin mi existencia, y nada podéis hacer para evitarlo.

»Nunca he perdido el tiempo en pensar en los numerosos ataques que he recibido y las muchas veces en que se me ha denigrado a lo largo de la historia con pretextos muy diferentes, muchos de ellos auténticas joyas de la mala fe, como los que utilizaron los filósofos de la Ilustración y han repetido otros más recientes al sostener que el sufrimiento de un niño inocente era la prueba definitiva de mi inexistencia. Absurdo y lamentable. Como si yo, más que un Dios, debiera ser un médico, un juez o un guardián moral de lo que hace la naturaleza. Ataques y desprecios a los que se ha unido, en los últimos tiempos, una absoluta indiferencia, que es en realidad otra prueba más de vuestra gran soberbia. Sin embargo, estáis pasando por alto que yo no me siento afectado por el cúmulo de vuestras torpezas y menos aún de vuestros insultos por más que todo ello sea la consecuencia última de mi decisión como creador. Y aun siendo cierto que sois el resultado de mi existencia, hay algo de lo que nunca me sentiré responsable y espero que no lo olvides nunca: yo nada tengo que ver con vuestra estupidez.

Y, tras aquellas palabras, como si todo hubiera sido un sueño, desapareció tan abruptamente como había aparecido.

Perplejo por lo que me acababa de ocurrir, durante unos momentos no supe qué pensar hasta que, poco a poco, se fue apoderando de mí un fondo de rabia que hizo que me levantara de la cama y empezara a dar vueltas por la casa en un estado de gran agitación. Su absurdo teatro, ese aparecer y desaparecer con indisimulado desprecio hacia mí, me parecía que había sido no ya un insulto, sino un comportamiento ridículo más propio de un mago de feria o de un farsante, y pensé en lo risible de su mención a nuestra estupidez y la ignorancia que esas palabras escondían. Era asombroso que Él, el supuesto gran origen de todo, hablase como si no supiera que la estupidez ha sido, a lo largo de la historia, más bien una de nuestras fortalezas y uno de los rasgos que más nos distinguen del resto de los animales (¿alguien ha visto a un tiburón o a un zorro hacer estupideces?), y precisamente esa diferencia nos ha permitido alcanzar el espectacular desarrollo técnico que todos conocemos, el dominio del mundo y nuestra capacidad para despreciarlo casi todo, incluidos tantos ideales ante los que nos arrodillábamos en otros tiempos.

De ahí que, aunque seamos estúpidos, mucho más decisivo es que somos libres de hacer lo que queramos, y si nuestra indiferencia es una manifestación de nuestra libre estupidez, entonces, bienvenida sea esta. Y si, además, esa es la causa de que seamos osados y vengativos, lo acepto orgulloso, pues ambas cosas nos ayudan a enfrentarnos a las dificultades de la existencia y a estar preparados ante posibles visitas de algún demiurgo arrogante como me había ocurrido a mí aquella noche.

Y así, satisfecho con mis razones y la manera en que me había desembarazado de las dudas y el miedo reverencial hacia una aparición tan prodigiosa, volví a echarme en la cama y, mientras trataba de conciliar el sueño, me dije que ya podía volver sin miedo ni complejo a mis prejuicios, mi libertad y mi estupidez.

Prefacio

Con las débiles fuerzas que hoy le restan a la filosofía, perpleja ante su perplejidad e incómoda y valiente ante su ingente acumulación de contradicciones y su poco crédito como camino de acceso a la verdad, algunos de sus representantes más audaces la siguen defendiendo, todavía en la actualidad, con el frágil argumento de que se trata de un conjunto de «convicciones vividas». Cercana históricamente y cómplice de ella (bastaría citar a los presocráticos, a Nietzsche, Heidegger, Marcel Conche, Richard Rorty o un joven filósofo de nuestros días, Markus Gabriel, quien define el quehacer poético como «el intento de representar pensamientos que hasta ahora estaban silenciados», sin olvidar la poética definición de Bergson de la metafísica como «el sentir palpitar del alma»), la poesía puede definirse, a la sombra de esa vieja «ciencia» caída en desgracia, como un retrato de impresiones vividas o, de manera más extensa, como el conjunto de ideas, intuiciones, misterios y resonancias que nos provoca lo vivido, lo que significa que toda interpretación que hagamos de nuestro agitado fluir íntimo nos adentra ya de alguna manera en el territorio de la poesía.

Indagar en los recuerdos asociados a una vieja máquina de escribir, por poner un ejemplo, admirarse ante su mera existencia, al estilo del antiguo misticismo plotiniano, o interesarse por las resonancias que tiene sobre nosotros, sea por el vínculo que posee con nuestro pasado o las voces que en otro tiempo escuchábamos asociadas a la misma, y vivir y revivir conceptual y emocionalmente los distintos elementos de nuestra experiencia con ella, supone sondear en los límites de lo humanamente posible y, por ello, en la esencia de lo poético.

La poesía es un ejercicio de creación a partir de lo que el mundo es y de cómo se manifiesta a nuestra experiencia, algo que la aleja radicalmente de la idea que aún muchos se hacen de ella como una creación estérilmente intimista mezcla de confusión, metáforas y acomplejada irrealidad, pasando por alto que, sin el sello de lo real, la poesía acabaría siendo tan irrelevante, en términos artísticos, como la publicidad.

Es un error confundir la poesía con diferentes máscaras y disfraces del vacío o la tediosa sucesión de palabras al modo en que, en tantas obras pictóricas llamadas abstractas o conceptuales, se combinan azarosamente y sin un trabajo estético exigente, colores u objetos y, por tanto, sin capacidad para crear una obra que trascienda el medio del que se sirve. ¿Qué interés puede tener un poema que refleja un tibio y anodino acontecer lingüístico en el que no se atisba ningún combate por arrancar ni tan siquiera una aproximación o sombra de la verdad, verdad cuya existencia debe ser considerada por el poeta tan incuestionable como la vida y de la muerte?

La creación poética encuentra su sentido en la descripción de aquello que nos rodea y de lo que puede existir y ser concebible o de aquello que, en su imposibilidad, ilumina lo posible y tiene un claro objetivo: la descripción del mundo visto desde la experiencia de un animal con alma que es consciente del enfrentamiento de su libertad y sus ambiciones con la propia ambición de la realidad.

La poesía debe ser más que la continuidad de una tradición literaria y constituir un desafío duro y exigente para su creador, que no teme plasmar temas tan importantes como el deseo de vivir y su contrario y aceptar como propio todo lo que su intuición le va desvelando, incluido, si así lo percibiera, el sentimiento de inmortalidad.

En su trabajo, el poeta tratará de apresar la corriente de lo que ha sido posible concebir y, al mismo tiempo, dar expresión a nuestra experiencia y sus resonancias, de modo que su ambición es doble: retratar tanto lo pensado como lo vivido; y eso solo puede lograrse si el poeta trabaja con la mayor libertad y asume, con la humildad y el esfuerzo que eso le supondrá, una visión genuinamente personal y salirse del camino ya trazado.

Es mucho aun lo que nos queda por describir y reinventar: no sólo la verdad de todo lo acontecido, sino también de todo el vasto mundo simbólico que se consideró necesario crear para asimilarlo y explicarlo y, por tanto, el poeta deberá moverse entre lo visible y lo invisible, entre sus retratos del mundo vivido y del mundo imaginado, y las consecuencias que uno y otro tienen para él.

No es una tarea fácil combinar con delicado equilibrio conceptual y estético la ambición de averiguar de qué modo nos configura la historia y lo hacen nuestros instintos primitivos, y cómo podemos crear una estética vitalista y reparadora del alma ante la parte no contingente e inevitable de nuestra vida y más aun sabiendo que de esa larga lucha el poeta no saldrá victorioso, pero si ha llegado al punto en que es consciente de ello, no deberá sentirse derrotado.

I.
NADA SE DETIENE
Y LA INCERTIDUMBRE
ES INSACIABLE

El paisaje y la protección de la identidad

Sigue lloviendo cuando me asomo
a la ventana y contemplo la cumbre
en la distancia. En medio de la tormenta,
el día conserva su alma intacta
a pesar de la travesía de la noche.
Paseo mi mirada por la ladera poblada
de pinos y robles y advierto una luz
algo más diáfana que refleja el tiempo
que sucede. Llueve todavía
en el momento en que busco,
más allá de la estrecha cabaña
en la que me encuentro,
la visión de la tarde que cae
sobre la ladera de la montaña
y su huella sobre el paisaje
y, en ese instante, me invade
un sentimiento inesperado
de liberación al ser consciente
de la distancia que me separa
del paisaje y comprobar

que ni su violencia ni la sensación
de totalidad con la que me envuelve
borrarán el salto entre mi conciencia
y la naturaleza, entre lo que estoy
viendo y lo que sucede dentro de mí,
entre la fragilidad de mi geografía
íntima y el espectáculo de una tormenta
de lluvia y viento que cierra todos
los caminos, pero que no me impide
crear uno propio a través del pensamiento
de todas las miradas que, a lo largo
del tiempo, como un sol invisible,
han penetrado en aquel mismo paisaje.

Sobre nuestro cuerpo también estallan las tormentas

Dentro de nosotros también se suceden
las horas, se suceden las sombras,
la noche y la luz, las ondas que recorren
el agua, y el brillo dorado del atardecer,
el rodar de los guijarros y el vaivén
de las frágiles raíces de los juncos.
Dentro de nosotros se acumulan los barros
y se agitan los helechos y hay días
en los que la lluvia deja al descubierto
restos de vegetación y de fango,
de vida y de dolor. Algo se remueve
en nosotros con cada niebla,
algo se pierde con cada naufragio,
algo deviene más nuestro cuando,
a nuestro alrededor, la lluvia empieza
a caer haciendo despertar la otra
lluvia invisible que, en nosotros,
expresa la radical intimidad
del paisaje que nos habita.

Vastos espacios y la amenaza de la incertidumbre

Escucho la música de lo real,
a mi oído llega el latido
de lo inmensamente lejano
y me esfuerzo por concebir cómo
se produce la armonía entre los mundos
remotos, imagino la ruta
que siguen los restos de los planetas
por los inmensos recodos del universo,
me represento el silencio que contienen
los vastos espacios que habitan el infinito,
doy valor y certeza al frío que se acumula
en los intersticios de tantas galaxias,
abro el tejido activo que forman las neuronas
a la incesante aparición de realidades
que nos rodean, palpo las invisibles
ondulaciones que crean mis recuerdos
más queridos y, en todos los casos,
lo hago convencido de que estoy

capturando una parte de la realidad
última y eso me liberará de la absurda
personificación con la que vivo
la amenaza de la incertidumbre
y la carga que me supone saber
que muy pronto, quizás antes
de que acabe de escribir este poema,
esa incertidumbre me rondará acechando
todo lo que yo pueda llegar a conocer.

Voces que irrumpen en la batalla de este poema

Empiezo a escribir, el bolígrafo
mancha con signos la página
del cuaderno que acabo de comprar,
y acuden a mí, como animales hambrientos,
voces atraídas por el olor del vértigo
que supone desnudar la vida
y entregarme a esa forma
de desentrañar el mundo
que es escribir un poema,
voces que se precipitan
insidiosamente y aumentan
la tensión con la que busco
cada palabra, pero que no
logran impedirme reconocer
las visiones que mi sensibilidad
detecta en el lenguaje
ni arrebatarme la belleza
que estalla al arrancarle
a mi alma una experiencia
que siento plenamente humana.

Relámpago sobre
el escenario

A pesar de que el azar y el destino
han forjado espíritus muy distintos
haciendo convivir los creadores de luz
y los seres nacidos para el rencor,
los que abrazan el sacrifico
y los que se sienten víctimas
de heridas tan profundas
que parece imposible llegar a explicar,
los que sueñan con una vida
que no teme la inmortalidad
y, aquellos que, semejantes
a espectros, soportan su existencia
con tanta dificultad que conciben
los fracasos de la historia
como una expresión más
del mundo que padecen,
todos ellos viven por igual la amenaza
de lo imprevisible y todos
son testigos de los relámpagos

que irrumpen sobre el escenario
de la vida provocando un estremecimiento
en el que buscan un sentido
para la herida que les causa.

II.
LA TRASCENDENCIA ES PARTE DE NUESTRA IMAGINACIÓN Y LA IMAGINACIÓN HA INVADIDO LA CELOSA INTIMIDAD DE LA TRASCENDENCIA

Interrogación sobre el oído que escucha

Irrumpe el sonido de un tren
en la distancia mientras camino
por el largo paseo que bordea el mar
y, al oírlo, repentinamente se apodera
de mí un ánimo abstracto y me pregunto
a qué responde la existencia del oído
que escucha y la conciencia que interpreta
el sonido, por qué el paso del tren
ha influido en mi sensibilidad
de una manera distinta a otras veces
y, a medida que se ha ido alejando,
me ha asaltado el sentimiento
de la inaprensibilidad de la vida
y me he planteado el porqué
de experiencias como lo fugaz
que permanece y la percepción
simultánea de lo próximo y lo lejano
y cuál es el vínculo entre mi presencia
en un momento del tiempo, aquello
que me rodea y los pensamientos

que me asaltan como restos
de vivencias ya olvidadas.
Sigo mi camino, y cuando cruzo
el umbral de mi casa, vuelvo la vista atrás
y aún me asombro de que el paso
de un tren me haya despertado
una resonancia tan profunda,
algo que sólo puedo explicarme
como el efecto de la huella interior
de lo vivido sobre la corriente
ininterrumpida de lo real.

Seres de la experiencia y del recuerdo

Somos seres de lo ya vivido
que renacen en el recuerdo,
somos seres que sobreviven al combate
diario entre las elaboraciones
del alma y el puro acontecer,
seres de la melodía de lo inconstante,
del abrazo de lo incierto y del placer,
de la naturaleza del riesgo
y la fortaleza del miedo,
seres que indagan en los ecos
de las grandes intuiciones
y la fidelidad a los instintos,
seres que conocen un tiempo
sin tiempo y la visión sin espacio,
somos, cuando el alma nos lo permite,
leves como los círculos del sueño,
somos los creadores del vocabulario
que describe lo que aún no hemos vivido,
los inventores del odio y de las grandes
naves que han atravesado el silencio

sin rumbo del espacio, somos seres
de la complejidad invisible
y el fatídico inconsciente,
somos seres nacidos en un mundo
de tragedias que nuestra personalidad
reinventa y para los que nada
es tan necesario como fabular
sin límites sobre los significados
de los sueños incumplidos.

Sobre identidad y destino

He vivido la tarea de ser
yo mismo como un viaje a lo largo
de un camino ya trazado
en el que yo era menos
que la manera en que lo recorría
y lo he hecho obligado
a convivir con mis fantasías
y sueños despiertos pensando
que podía compartir
vivencias que a otros iluminaron,
sentirme sombra y luz,
y refugiarme en ellas,
o sentir la belleza del puro
acontecer de lo que está siendo
y, en la estela de esas fantasías,
pensar que el desgarrador proceso
de ser es tan espontáneo
como un corazón que late
o como la manera
en que el amanecer
desvela el paisaje decorando

la intimidad del tiempo,
aunque siempre me queda
la duda de si el destino
que he vivido es el que concibieron
mis lejanas intuiciones
o, una vez hecho el camino,
me he dejado invadir
por experiencias de la vida
haciendo que todo ocurriera
de otra manera y quizás
ha llegado la hora de la venganza
de mi fondo originario
contra lo que estoy siendo
y el resultado del camino
que yo nunca elegí.

El conocimiento
como vértigo y la
imposibilidad del vacío

A pesar de haber sentido
tantas veces la amenaza del vacío
cuando creíamos poder evitarlo,
a pesar de que la vida es un gran
círculo en el que se repite
todo lo que es y el conocimiento
es un riesgo más de nuestra libertad,
nos asaltan momentos
en los que el encuentro
con lo verdadero provoca estados
de vértigo y de miedo,
estados que, a pesar del dolor
que nos causan, renuevan
el aliento de vida con sus desgarros
y revelaciones, recomenzando así,
una vez más, el círculo
que nos llevará a un nuevo deseo
de verdad, que no es, finalmente,
sino otro signo más del afán
de la vida por imponerse.

III.
EN EL REINO DE LOS CONFLICTOS DE TU INTIMIDAD

El día en el que todo empezó de nuevo

Después de una larga ausencia
en un pueblo de una inhóspita región
del norte, me recibiste con tu mirada
alegre y, antes de haber intercambiado
siquiera alguna palabra, sentí
que todo había cambiado
y nos entregábamos por fin
a la ambición de pertenecernos,
convencidos de que lo que compartíamos
no era un tiempo que se sucede,
sino un presente semejante
a un largo camino sin otro paisaje
que el recuerdo del día
en el que todo empezó de nuevo
para nosotros, un día convertido
en un hoy robado al tiempo
que abarcaba también
nuestra despedida
de la época en la que aún no
éramos completamente
libres de lo que ya habíamos
dejado de ser.

Encendiendo luces en la oscuridad y los fantasmas del sueño

Te había despertado una pesadilla
en el silencio de la madrugada
y fuiste recorriendo la casa encendiendo
luces para disipar los fantasmas creados
por tu sueño, como nos ocurre a veces
con las sombras a las que damos vida
en la oscuridad, decidida a liberarte
de las fantasías que aún sobrevivían
cuando saliste del sueño, pero una vez
en el salón, mientras contemplabas
el nuevo día, te diste cuenta
de que el miedo que se había apoderado
de ti al despertar no lo había provocado
el eco de lo que habías vivido
durante el sueño, sino el puñado
de visiones amenazadoras creadas
por espíritus que aún siguen en tu imaginación

y utilizan cualquier pequeño resquicio
de tu sensibilidad para hacerte creer
que nunca escaparás a la sensación
de una nueva batalla perdida.

Tu libertad frente al dolor

Cuando sientas que vuelve a ti
otra vez el viejo rencor, recuerda
quién eras antes de que todo ocurriera,
contempla el bosque en la distancia
y acompaña tu mirada como si te fundieras
con el aire sabiendo que tu voluntad
vale tanto como lo ya vivido y, cuando
tu ánimo te arrastre de nuevo a él,
considera el hecho ya vencido
y la pálida dimensión de lo que ya fue,
y vuélvete hacia la luz
que has visto tantas veces asomar
por encima de las colinas. Cualquiera
que sea su voracidad, el rencor
no es menos parte de la marea
de acontecimientos y del cúmulo
de lo que existió y terminará
desvaneciéndose como lo hacen
los viejos caminos de tierra
borrados por la arena y la vegetación,
y se añadirá, como ellos,
a la ciega corriente de lo inevitable.

Escritura desconocida
sobre tu cuerpo

Estábamos en la habitación del hotel
al que nos había llevado el azar siguiendo
la estrecha carretera de la costa.
Atraído por el ritmo intemporal del oleaje,
salí al balcón a contemplar el mar
y la cadencia de las olas
y, cuando volví junto a ti,
vi cómo se dibujaban,
entre los pliegues de tu piel,
trazos de una escritura de signos
desconocidos que brillaban
como pequeños rastros de luz.
Algo asustada, me confesaste
que, desde hacía varios días,
te sentías a veces confundida
y como arrastrada fuera de ti
y cuando te echabas a descansar,
en el duermevela, te veías
a veces vagar por un lugar lejano,
y entonces creí comprender por fin:

aquellos signos en tu piel
eran la expresión de otro mundo
que aquella noche había elegido
la embriagadora sensualidad
de tu cuerpo como el camino
mejor para manifestarse.

Hay algo en ti que irremediablemente se aleja

Si tu existencia fuera como las otras,
ya te habría reconocido en la realidad
que me rodea, pero tú no eres
como el mundo que a diario
habito y me pregunto dónde
nace esa fuerza que te permite
mantener tu cordialidad intacta
y esa visión ligeramente
distorsionada y profunda
que tienes de las cosas.
¿De dónde extraes esa dignidad
con la que vives? Todo
sería más fácil si fueras
una creación de ti misma,
pero eso no es posible,
y me pregunto por qué siempre
hay algo en ti que imperturbablemente
se aleja. Sé que no es tu cuerpo,
puesto que tu cuerpo posee
los rasgos de una mujer

que no desafía la vida,
sino al contrario, y se expresa
a través de la insólita alegría
con que acoges el hecho de abrir
los ojos cada mañana
y el sentimiento que dejas
en mí de que ya hace mucho
que conquistaste la certeza
con la que te encuentras
al despertar, en el momento
en el que la luz del día y tú
intercambiáis las primeras miradas;
es ahí, en la escritura de tus ojos,
donde aparecen las líneas
que retratan tu conmovedora lejanía.

IV.
UNA EXPLICACIÓN PARA
LA MELANCOLÍA FUTURA

La melancolía y su huella sobre el futuro

Hay días en que nos asalta
la sensación de habernos acercado
al límite exterior de la vida,
días cegados por el tedio
en los que nuestro paisaje
íntimo refleja ese pálido brillo
inconfundible que anuncia la melancolía,
días en los que vuelve la experiencia
de la nostalgia de lo no poseído,
días de confusión y perplejidad
que seguirán visitándonos,
pero que, una vez en el futuro,
se convertirán en algo más
que una herida de los sentimientos:
serán una forma de consuelo
frente a una humanidad de artificios,
y esa misma melancolía
que antes llorábamos,
perderá una parte del dolor

que entrañaba para devenir
el eco de la verdad de nuestro pasado
y el encuentro con una realidad
de la que nunca debimos separarnos.

Raptos de nostalgia
sin razón aparente

Tumbado sobre la arena de una playa
del Atlántico, la misma a la que vuelvo
cada año en los primeros días,
todavía cálidos, del otoño,
mientras contemplo el gran mar
y el oleaje del tiempo, me llega,
como en un susurro, la voz
del alma del mundo y, con ella,
como los restos de un naufragio,
la íntima relación entre lo ya
sucedido y nuestros momentos
de nostalgia sin razón aparente,
la unión de cada experiencia
y los sueños intrincados y complejos
que nos asaltan, y el motivo
por el que, en ocasiones,
nos gobierna una pasión
casi delirante y por qué
esta extraña certeza
de un alma que sin cesar

renace y, antes de que la voz
desaparezca y el ruido del oleaje
se imponga a mí de nuevo,
siento cómo van llegando
las mareas de otro tiempo
y cómo avanzan ascendiendo
por la orilla desde la que las contemplo.

La tormenta se aleja y la lluvia cae ahora sobre mí

Estalla la tormenta, irrumpen
los truenos y relámpagos,
y tras unos minutos escuchando
cómo golpea la lluvia contra la claraboya
de la pieza donde paso tantas horas,
me esfuerzo en convertir el malestar
que siento en esos momentos
en parte de la tormenta y trato
de transformar mi abatimiento
en una expresión más del lenguaje
de las nubes y así, al terminar,
cuando escampe, ver cómo se alejan,
calle abajo, como los regueros
de agua, mis temores difusos
y mi inquietud mordiente,
pero cuando apenas ha terminado
la tormenta, atrapado en mi fantasía,
que me hace olvidar que se trata
solamente de un puñado de nubes
a cuyo destino no podía estar ligado,

me acabo convirtiendo en una lluvia fina
que empieza a caer pesadamente
sobre la irreductible realidad
del malestar que me persigue.

Una forma de huir del vacío

Por innumerables que sean las veces
en que nuestro ánimo sombrío altera
el orden cotidiano de las cosas
e innumerables los días
en que hemos ascendido a la cima
de la desesperación como perseguidos
por una espada de fuego y abjuramos
de un universo que contempla en silencio
nuestro desconsuelo, por innumerables
que sean las veces en que somos
perseguidos por los guardianes
de nuestra imaginación
y nos esforzamos por sentir
lo que tanto desearíamos estar
sintiendo, por incontables que sean
nuestras tentativas de olvidar,
las obsesiones, los remordimientos
y consuelos, y las veces
en que hemos percibido la mentira
de lo que habíamos sido,
no olvidemos que, cualesquiera

que sean nuestros sentimientos,
son mucho más que lo que para
nosotros representan: son las formas
que tiene la vida para calmar
el horror que siente hacia todas
las expresiones del vacío.

V.
UN ANIMAL CON IDEAS
CONTEMPLA LA LUNA
Y UN ESPEJO ROTO

La luna conserva nuestro pasado en el retrato de sí misma

Sentado en el jardín en el momento
en que empieza a anochecer, levanto
la mirada y advierto una gran luna blanca
y brillante que desnudamente refleja
el contraste entre su intensa luz
y sus cráteres de sombra y me dejo
llevar por la marea de fantasías
y la inesperada resonancia que despierta
en mí, como si en ella hubiera algo
que nunca antes había advertido,
y a mi pensamiento acude la imagen
de todos aquellos que, como yo,
han abrigado alguna vez sentimientos
similares desde las lejanas épocas
en que la diosa de los espectros
se convirtió en un ojo que contemplaba
los ojos que la contemplaban a ella,
y me digo que esa podría ser la causa

del magnetismo que ejerce sobre mí:
no es solo la luna, sino el hecho
de que su superficie rugosa y seca
haya sido durante siglos el espejo
del mundo y del tiempo, la ávida
lectora de todos los hechos y errores
de nuestra historia, y pensar
que ese largo relato de lo que somos,
contemplado tantas veces, es ahora
el retrato de sí misma.

El rostro invisible entre los restos de un espejo roto

La imagen que refleja un rostro
en el espejo no puede contener
una vida no vivida y, aunque mil
veces la misma mirada se busque
en el cristal, mil veces la irrealidad
del rostro repetirá la irrealidad
de la imagen. Un espejo no crea
victorias ni derrotas, no añade vidas
a la vida ni posee el privilegio
de convertirse en una fantasía del rostro
que en él se refleja. Un espejo
no dice palabras que no fueron
dichas ni piensa lo que no fue pensado,
un espejo no viste un cuerpo desnudo
ni desnuda el cuerpo cubierto
de ficciones; un espejo no crea
un retrato a partir de deseos,
y, sin embargo, hay algo cierto

en lo que, para otros, es superchería:
la verdad que reflejó aún sigue
presente en la imagen que sobrevive
entre los restos del espejo roto.

Contra la anticipación y el futuro en el presente

Harto de adelantarme a un futuro
que aún no existe y entregarme
a él como si ya lo estuviera viviendo,
harto de entregar este mundo
a cambio de otro y del diálogo
constante con mis dudas,
hace días que lucho contra la anticipación
y ya no trato de prever episodios
que solo la indescifrable causalidad
conoce y de pensar que, en el instante
que vivo, hay otro más real
que mi imaginación se inventa,
y voy aprendiendo, desde entonces,
a ignorar la nada de lo que aún
no ha ocurrido y vaciar el presente
de lo que no es, aunque con ello
me arriesgue a quedar atrapado
en algún lugar de ninguna parte
y deba convivir con la posibilidad
de que me asalten furtivamente

nubes de sombras que se conjuran
para tratar de imponerme lo que sucederá,
pero prefiero los sucesivos estallidos
de un futuro de imprevistos
a la voraz certeza de un miedo
que me acecha.

Cuando desborda
el desencanto

Engañado por el malestar difuso
con el que se presenta,
adornado con el disfraz
de algún mal sutil que me persigue,
antes de que haya podido
darme cuenta de qué se trata,
el feroz desencanto ha comenzado
a inocular su veneno por las venas
de mi ánimo y, a pesar de mi resistencia,
ensombrece mis vivencias,
invade mis pensamientos
y retuerce mis razones
haciendo que me pregunte
durante cuánto tiempo más
estaré en sus manos,
y me calmo diciéndome
que la vida tiene
unas leyes que también rigen
para la propia infelicidad
y habrá un momento

en el que la ambición
del desencanto, embriagado
por su victoria, desborde
de sí mismo y, víctima de su exceso,
acabe por abandonarme
imitando las viejas historias
de almas que liberan, tras
una feroz batalla, los cuerpos
que no les pertenecen.

En la mirada de los que han cruzado el abismo

En la mirada de los cultivadores
del infierno brilla ese fondo
insondable de su naturaleza
de espíritus del miedo y el desprecio,
de seres poseídos por el rencor
contra la vida y el conocimiento,
de seres para los que las reflexiones
del alma son otra carga más
para la existencia y una prueba
de que la vida es un empeño inútil
al que responden creando,
con una minuciosidad de artesanos,
infiernos más allá de los cuales
o es la nada o es la ausencia de sentido.

Como animales que atraviesan largos túneles bajo tierra

En un universo de límites
que incesantemente se desplazan
abriéndose a lo desconocido
habitado por gigantescos
océanos de materia y brillantes
estrellas que estallan
devorándose a sí mismas,
rodeados por una realidad
que late hasta en los más
apartados rincones,
hay quienes reducen la verdad
de lo real a una invención
de nuestra mente y buscan
lugares donde esconderse
como animales que avanzan
por largos túneles oscuros
o se dejan tentar, ebrios

de engaño, por esa inquietante
promesa de olvido que es la locura,
sin saber que la dolorosa demencia
representa otra victoria más de la realidad.

La vigilia invade el sueño

Días atrás, mientras dormía,
sentí que mi conciencia despierta
se deslizaba en mi sueño
y, desde entonces, vivo con inquietud
el próximo momento en que me quedaré
dormido. Temo que la misma mirada
indagadora violente la intimidad del teatro
de los sueños y se rompa el frágil
tejido que forman las voces
y los recuerdos de los personajes
que lo habitan y, ante la amenaza
de mi mirada consciente,
reaccionen encerrándome
entre vertiginosas pesadillas
y me conviertan en un ser
sin rumbo entre vidas
voraces que paga así el haber
sobrepasado los límites
de la conciencia despierta.

El bosque es una forma de desnudez

Con el regreso del verano, acudo
un año más a este bello paraíso
natural en los días en los que el intenso
calor trae consigo las fuertes tormentas
del atardecer y camino por el sendero
que se abre entre los árboles
y contemplo el reflejo de las montañas
sobre el lago solitario y el fondo gris
de un agua en calma. El paseo
se prolonga y, en medio de una íntima
quietud, siento el modo tan distinto
en que se revelan a mí la ciudad
y el bosque y cómo, a diferencia
de nosotros, que tantas veces
tratamos de ocultarnos,
lo que en la ciudad es disfraz
se convierte aquí en desnudez,
y quizás por eso, cada vez con más frecuencia,
después de caminar un largo trecho,
tiendo a perderme lejos de la ruta ya trazada,

secretamente incitado por el deseo
de identificarme con el bosque
y convertirme en otra expresión
más de esa desnudez.

VI.
LO HUMANO FRENTE AL AZAR Y EL SILENCIO, Y LA HUMANIDAD SIN CULPA

Existe el desequilibrio, pero no la culpa

No puede haber culpa
si, desde nuestros orígenes,
hemos sido la herencia
del desequilibrio entre la naturaleza
y el animal que se piensa,
entre nuestra existencia,
el nacimiento de un río
o el viento que se oculta
detrás de una montaña,
entre lo que la conciencia dice
y la naturaleza calla,
entre el horizonte lejano
y la mirada que lo inventa
al contemplarlo. No puede
haber culpa cuando son tantas
las maneras en que se expresa
nuestra fuerza creadora
de significados y somos seres
con alma que se exaltan
con sus interpretaciones

y se reconocen en una voluntad
que, desde dentro de nosotros,
nos incita a creer que nada hay en la vida
que pueda detenernos.

No es solo un frágil apéndice del tiempo

Una calurosa tarde del mes de junio,
detenido frente a la casa
donde pasé mi infancia en Sevilla,
en medio de la calle desierta,
vi discurrir de pronto ante mí
el nervioso desfile de los momentos
que marcaron aquellos años
y, aunque nada de lo que sucedía era real,
los recuerdos estaban tan vivos
que podrían haberse confundido
con cualquier otro hecho
que estuviera ocurriendo
en otro rincón de la ciudad
y, desde entonces, soy fiel
a la creencia de que la memoria
no es solo un frágil apéndice del tiempo
y nos es posible rasgar la densa red
del olvido para hacer emerger,
como sucesos del mundo real,
nuestros recuerdos, y liberarlos

de la violencia con la que el tiempo
asfixia los restos de vida
que abriga cada pequeña
parcela de nuestra memoria.

Un peligroso juego

Llega el nuevo día y me enfrento
a la rutina de dar vueltas a todo
lo que ayer aún me preocupaba.
Empieza un nuevo día y se echa
sobre mí la misma inquietud
abriéndose en mil sentimientos
distintos como si persiguiera
hundirme entre las sábanas
o en el silencio. El día me empuja
a abrir los ojos y me adentro
por un fondo sin fondo,
una marea de incertidumbre,
y tan confundido estoy
por la inestabilidad
que me trae el nuevo día,
que mi propia imaginación
me humilla utilizando
la debilidad de mi pensamiento
para hacerme creer
que va a surgir,

en el interior de mi cerebro,
una criatura que devorará
insaciablemente
mis pensamientos.

El gran animal cósmico y la necesidad de volver a empezar

Somos más que el estallido
de lo infinitamente pequeño
del que todo nació, más
que el silencio frío que recorre
el inmenso espacio,
somos parte del desorden
del que se sirve el universo
para su existencia, somos
el misterio que sobrevive
a la pequeña grandeza
de nuestro conocimiento,
somos el resultado
del gran estallido de la verdad
que es la naturaleza,
somos frágiles ante nuestro
origen y nuestro destino
y nada nos garantiza
que el universo no

se convierta un día,
como en las viejas mitologías,
en un gran animal
cósmico que se afane
en nuestra destrucción
empujándonos a la gran tarea
de volver a empezar.

La luz invade la habitación

Me dispongo a salir de la habitación
cuando advierto el brillante
reflejo de la luz que baña
la pared y el rincón de la librería
y me admiro del modo
en el que los rayos del sol
transforman el cuarto
donde paso tantas horas
y, desde ese momento,
una vez que la visión de la luz
ha hecho el camino hacia lo íntimo,
ya no es igual la manera
en que me enfrento al tiempo
que paso entre estas paredes,
ni la disposición con la que recibo
los rayos del sol que inundan mi cuarto.
Convertida en revelación
y recuerdo, la luz del atardecer
ha hecho nacer una sensibilidad
más abierta de lo posible,
que, desde entonces,

impregna también lo que he vivido,
ya que todo hecho importante
de nuestra vida modifica
el presente y crea nuevas
formas de interpretar
nuestros recuerdos.

VII.
LAS DISTINTAS CARAS
DE NUESTRO ROSTRO

La desnudez y el fuego

La desnudez significa asaltar
lo oculto y vencer todo
lo que lo representa,
el desbordamiento
de nuestra necesidad de existir
y del fuego interno,
una forma de colmarnos
hacia fuera para evitar
que lo íntimo quede encerrado
allí donde nació,
la reacción de quien
se siente más atraído
por lo que aún no ha sido dicho
y aspira a conocer todas
las caras de su esencia,
una apuesta
por todo aquello
que deberá afrontar
y sólo vagamente intuye.

Es más que una
colección de instantes

Al terminar la conversación,
en el momento de despedirnos,
me dijo que para ella nuestras vidas
eran solo un puñado de momentos
aislados y, ya en el coche,
durante el camino de regreso,
pensando en ello, recordé sus palabras
y, por primera vez, fui consciente
de que nunca he vivido otra cosa
que un largo instante único,
una ininterrumpida continuidad
en la que todas las cosas provocan
un eco que es reconocido
por todas ellas y en la que cada suceso
es mucho más que la pequeña
muerte de cada nueva experiencia.
Más que una colección de momentos
aislados, mi vida es un largo
reencuentro entre lo vivido
y lo que lo precedió, un diálogo

constante con la fuerza
con la que el pasado se aferra
a lo que vivimos como lo hacen
los océanos a las mareas
formando una misma voz
que expresa continuamente
todo lo que soy.

Rumor del bosque
sobre las nubes

Escucho el rumor del cielo
y me pregunto si no se trata del aire
atravesando una gigantesca
arboleda situada en algún
lugar distante encima de mi cabeza.
El rumor crece como una gran
tempestad a pesar de que no hay
lluvia ni viento alguno que agite
los árboles que tengo junto a mí,
en la calle solitaria y tranquila
en la que me encuentro,
y es tan inesperado
que me absorbe por completo.
No reconozco su procedencia,
y me limito a escucharlo
con la confusa fascinación
de quien ignora lo que está viviendo.
Cuando el rumor se apaga,
empieza a amanecer. La luz
asoma, tímida, y se derrama

sobre la ciudad y el pequeño bosque
que diviso en la distancia. Vuelvo
al hotel y allí me vence el sueño
y, desde las primeras imágenes,
todo se repite: el mundo
que había visto es idéntico
al mundo soñado y me asombra
comprobar lo difícil que me resulta
decidir cuál de los dos es más verdadero.

Sobre la relación del espíritu con las grandes catástrofes

Me asalta la visión de un gran fuego
que lo devora todo a su paso
y, después, nada; me invade
la visión de un mar que se yergue
en olas gigantescas y avanza
sobre pueblos y ciudades,
y, después, una gran calma.
Confundido por esas visiones,
me pregunto si no habré caído
víctima del círculo de fantasías
apocalípticas que han acompañado
a la humanidad desde hace tanto,
pero me doy cuenta de que, detrás
de ellas, no está solo el antiguo
temor que la memoria ha abrigado
hacia todo lo que nos aniquila,
sino también la sombra incierta
de lo incompleto que he sentido

en tantos momentos de mi vida.
La memoria de las grandes catástrofes
de la historia tiene un inesperado
eco en mi propia vida y puede hacer
que me sienta como una sombra
que va a ser arrastrada por la fuerza
incesante de lo que acontece,
como parte de algún vértigo
o, peor aún, a punto
de caer sin resistencia
en un mar donde se pierde
todo lo que es inútil para el recuerdo.

Mirando, desde el avión, el mar de nubes

Contemplo, desde el avión,
el denso mar blanco de nubes
que se extiende ante mi vista
y, más allá, un cielo azul
que parece la creación
de una mitología estética,
y pienso en el contraste
entre la conciencia que descubre,
a ras del suelo, con admiración,
las formas y figuras inaccesibles
de las nubes, y la naturalidad
con la que esa misma conciencia
vive la experiencia de sobrevolarlas,
y me asombro de la facilidad
con la que hemos aceptado
que nuestra conciencia conozca
cosas de las que no nos habla
y el misterio que nos plantea,
pero es algo que viene ocurriendo
desde hace tanto que resulta cada vez
más improbable que descubramos el secreto.

Borrar todo recuerdo
de lo que somos

Algo se perdió para siempre
el día en que aceptamos
que la belleza había muerto
y las obras cargadas
de iniquidad y desprecio,
el cuerpo de un animal encerrado
en una vitrina o una bombilla
rota tenían más valor
que la investigación sobre las razones
de una vieja creencia
y una mancha azarosa y ciega
se convertía en más auténtica
que cualquier intuición profunda
sobre lo que somos. Algo
se empequeñeció en nosotros
el día en que aceptamos
que la minuciosidad en el retrato
de lo mezquino era más verdadero
que las razones últimas de la nostalgia
o los amaneceres cultivados

por una conciencia que lucha
por mantenerse despierta,
y, en contra de la interrogación
apasionada de otros tiempos,
empezó a ser vista como más necesaria
la visión de una hostilidad
que desprecia todo lo que se construye,
y es escalofriante pensar
que el objetivo último
de aquella negación
fue borrar todo recuerdo
de lo que realmente somos.

La insurrección de los antiguos sueños

Hubo un tiempo en el que los sueños
eran capaces de alterar el destino
de pueblos enteros, de confundirse
con las intuiciones del arte
y rasgar los velos de la naturaleza
para hacer surgir serpientes
como la que inspiró al químico Kekulé.
Uno solo de aquellos sueños
podía expresar la semilla de una religión,
abrir los espacios cerrados de un amor
prohibido o conquistar un nuevo camino
para un corazón perseguido por viejos delirios,
pero hoy, víctimas del empobrecimiento
de nuestra intimidad y unas fantasías
de hastío y decepción, raras veces
nos visitan esos sueños, extraños
a un alma que vive de sus diálogos
con lo inútil y engrandece
hasta lo absurdo espectáculos
que son la eterna repetición
de las pequeñas victorias de lo superficial.

Todas las caras de
nuestro rostro

Quise que la ambición de este libro se me impusiera ciegamente antes incluso de haber podido pensar en ello; quise que todo ocurriera de forma casi inconsciente, sin haber ejercido ni control ni voluntad, y el resultado han sido las sucesivas tentativas que recogen estas páginas, todas ellas ligadas por el propósito de pensar aquello que debería haber pensado o expresado mucho antes, y no supe hacerlo. He hablado del mundo en el que he aprendido a ser y de la experiencia contradictoria de las cosas, de la capacidad que tenemos de sentir lo que no es y de entregarnos a ello, y he querido retratar las diferentes caras de nuestro rostro y defender la importancia del consuelo para la vida, porque creo que sin el consuelo habríamos perdido una gran parte de lo mejor que hemos hecho hasta ahora y porque el consuelo debe entenderse como una defensa de lo humano ante una lógica de la existencia que favorecerá siempre más a la vida que a nosotros, aunque tantas veces hayamos buscado la experiencia de la libertad sin importarnos si teníamos que pagar a cambio el precio del fracaso.

Índice